ANIMALS
That Make a Difference!

Horses
Les chevaux

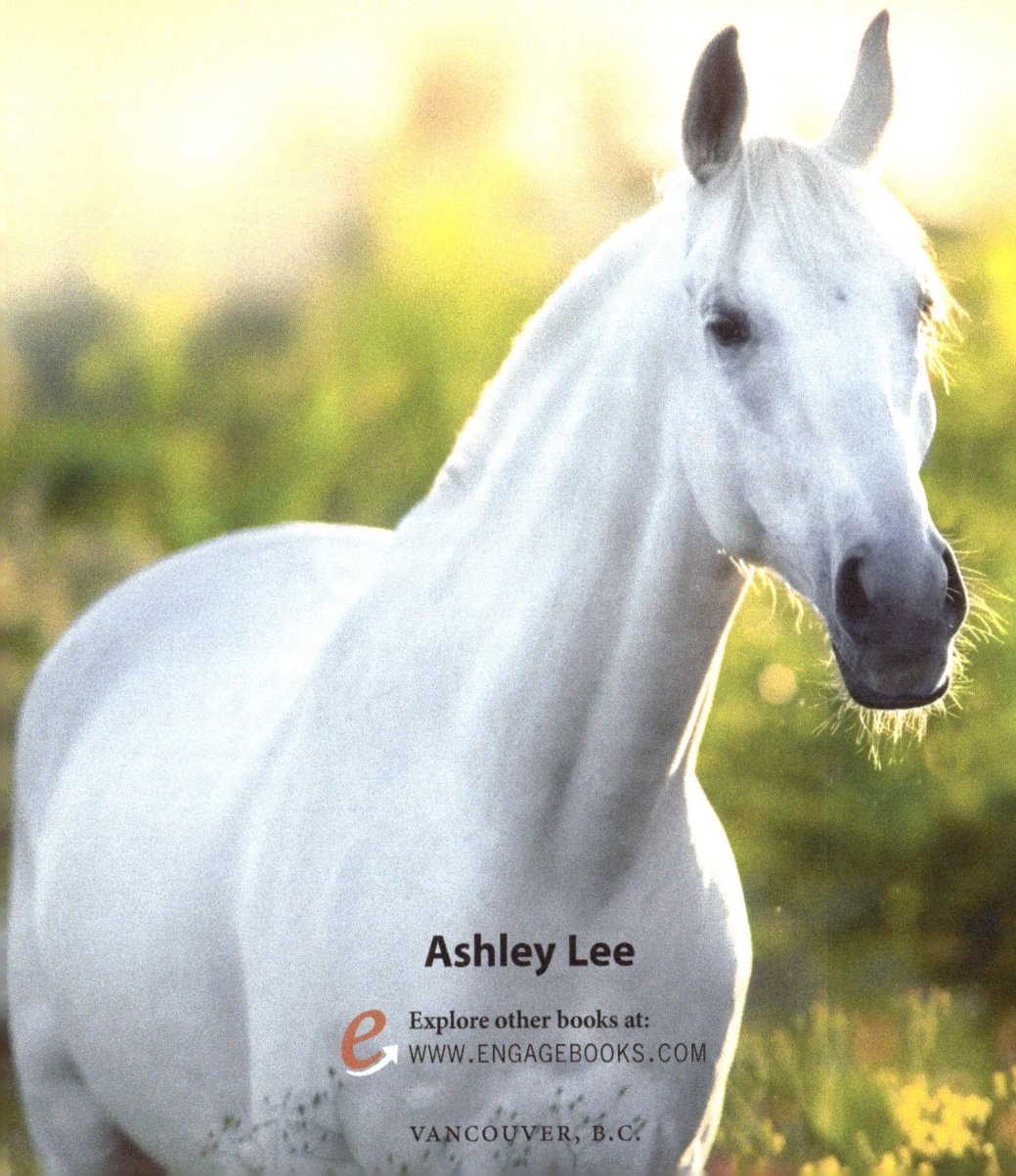

Ashley Lee

e Explore other books at:
WWW.ENGAGEBOOKS.COM

VANCOUVER, B.C.

e WWW.ENGAGEBOOKS.COM

Horses: Level 1 Bilingual (English/French) (Anglais/Français)
Animals That Make a Difference!
Lee, Ashley 1995 –
Text © 2021 Engage Books
Edited by: A.R. Roumanis
and Lauren Dick
Translated by: Amanda Yasvinski
Proofread by: Josef Oberwinzer

Text set in Arial Regular.
Chapter headings set in Arial Black.

FIRST EDITION / FIRST PRINTING

LIBRARY AND ARCHIVES CANADA CATALOGUING IN PUBLICATION

Title: Animals That Make a Difference: Horses Level 1 Bilingual (English / French) (Anglais / Français)
Names: Lee, Ashley, author.

ISBN 978-1-77476-412-1 (hardcover)
ISBN 978-1-77476-411-4 (softcover)

Subjects:
LCSH: Horses—Juvenile literature
LCSH: Human-animal relationships—Juvenile literature

Classification: LCC SF302 .L44 2020 | DDC J636.1—DC23

Contents
Table des matières

What Are Horses?
Que sont les chevaux ?

Horses are big, strong animals.
Les chevaux sont de gros animaux forts.

Horses have lived with humans for thousands of years.

Les chevaux vivent avec les humains depuis des milliers d'années.

What Do Horses Look Like?
À quoi ressemblent les chevaux ?

Shires are the tallest horses. They are about 6.6 feet (2 meters) tall. The smallest horses are miniature horses. They are less than 3.3 feet (1 meter) tall.

Les Shires sont les chevaux les plus grands. Ils mesurent environ 6,6 pieds (2 mètres) de haut. Les plus petits chevaux sont des chevaux miniatures. Ils mesurent moins de 3,3 pieds (1 mètre).

Horses' feet are protected by a hard nail called a hoof.
Les pieds des chevaux sont protégés par un ongle dur. Cela s'appelle un sabot.

Horses have long hair on their necks called a mane.
Les chevaux ont de longs cheveux au cou. Cela s'appelle une crinière.

Horses have large teeth. A horse's age can be guessed by looking at its teeth.
Les chevaux ont de grandes dents. L'âge d'un cheval peut être deviné en regardant ses dents.

Where Do Horses Live?
Où vivent les chevaux ?

Many horses live on farms. They sleep in a stable. Some horses live in the wild. They sleep outside.

De nombreux chevaux vivent dans des fermes. Ils dorment dans une étable. Certains chevaux vivent à l'état sauvage. Ils dorment dehors.

Clydesdales are large horses that come from Scotland. Hanovarians are strong horses that come from Germany. Paso fino horses come from Puerto Rico.

Les Clydesdales sont de grands chevaux originaires d'Écosse. Les Hanovriens sont des chevaux forts qui viennent d'Allemagne. Les chevaux Paso fino viennent de Porto Rico.

Scotland
L'Écosse

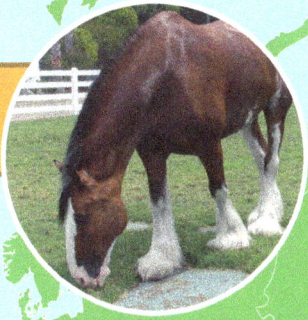

North America
L'Amérique du Nord

Atlantic Ocean
L'océan Atlantique

Asia
L'Asie

Africa
L'Afrique

Germany
L'Allemagne

Puerto Rico
Le Porto Rico

Pacific Ocean
L'océan Pacifique

Southern Ocean
L'océan Austral

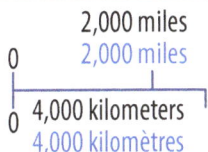

2,000 miles
2,000 miles
0
4,000 kilometers
4,000 kilomètres
0

N

Legend Légende
Land La Terre
Ocean L'Océan

9

What Do Horses Eat?
Que mangent les chevaux ?

All horses eat grass. Horses on farms also eat grain and hay.
Tous les chevaux mangent de l'herbe. Les chevaux des fermes mangent également des céréales et du foin.

10

Horses spend up to 17 hours eating grass every day.

Les chevaux passent jusqu'à 17 heures à manger de l'herbe chaque jour.

How Do Horses Talk to Each Other?

Comment les chevaux se parlent entre eux ?

Horses make many different sounds. They will neigh, whinny, or snort. People can tell what horses are feeling by looking at their ears.

Les chevaux émettent de nombreux sons différents. Ils henniront, pleurnicheront ou renifleront. Les gens peuvent savoir comment les chevaux se sentent en regardant leurs oreilles.

A horse with its ears back is angry.

Quand un cheval a les oreilles en arrière, il est en colère.

Horses are curious when their ears face forward. Quand les oreilles d'un cheval sont tournées vers l'avant, il est curieux.

Horses often make a snorting sound when they are excited. Les chevaux grognent souvent lorsqu'ils sont excités.

13

Horse Life Cycle
Cycle de vie du cheval

Baby horses are called foals.
Les bébés chevaux sont appelés poulains.

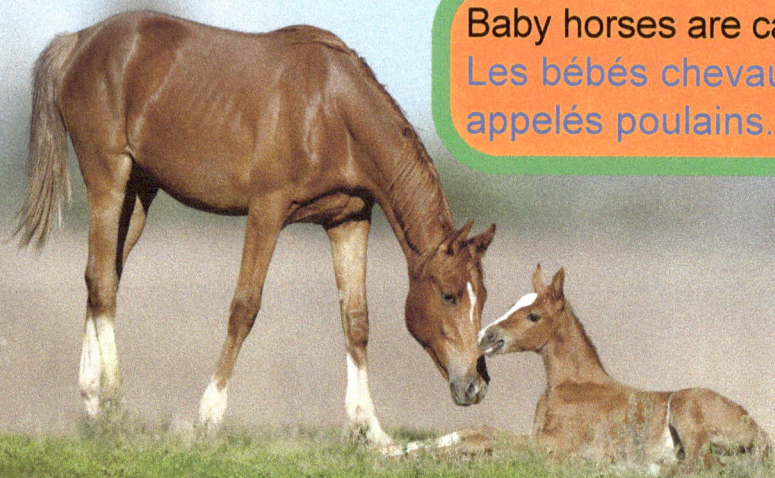

One-year-old horses are called yearlings.
Les chevaux d'un an sont appelés yearlings.

14

Horses become adults when they are 4 years old.
Les chevaux deviennent adultes à l'âge de 4 ans.

They live for 20 to 30 years.
Ils vivent de 20 à 30 ans.

Curious Facts About Horses

The fastest known horse ran at a speed of 55 miles (88 kilometers) per hour.
Le cheval le plus rapide connu courait à une vitesse de 55 miles (88 kilomètres) par heure.

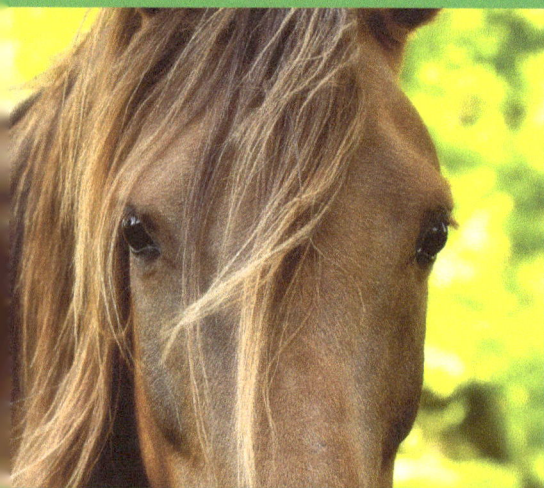

A horse's eyes can see in two different directions at once.
Les yeux d'un cheval peuvent voir dans deux directions différentes à la fois.

Horses can sleep standing up.
Les chevaux peuvent dormir debout.

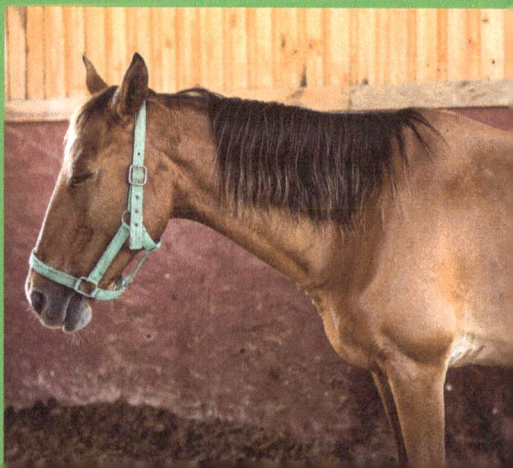

Faits curieux sur les chevaux

Horses cannot breathe through their mouths. They only breathe through their noses.
Les chevaux ne peuvent pas respirer par la bouche. Ils respirent seulement par le nez.

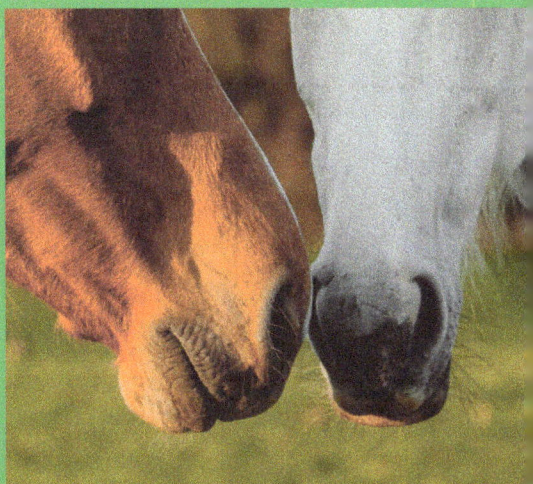

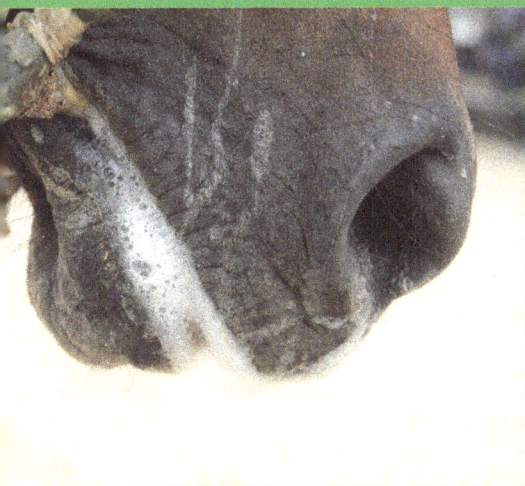

Horses make about 10 gallons (37 litres) of saliva every day.
Les chevaux produisent environ 10 gallons (37 litres) de salive par jour.

A horse can see behind itself without turning its head.
Un cheval peut voir derrière lui sans tourner la tête.

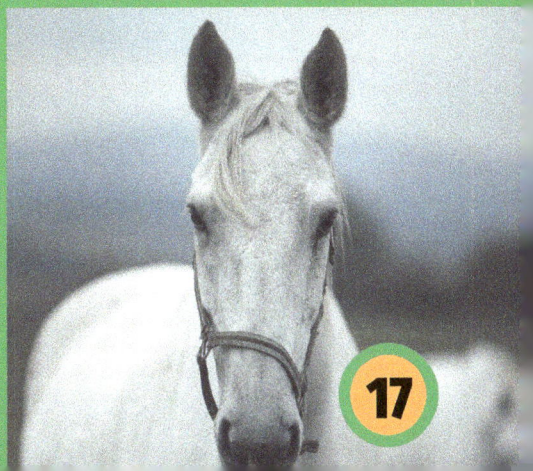

17

Kinds of Horses
Types de chevaux

Horses are related to zebras and donkeys. There are around 200 different kinds of horses. These are split into three groups.
Les chevaux sont apparentés aux zèbres et aux ânes. Il existe environ 200 types de chevaux différents. Ceux-ci sont divisés en trois groupes.

Draft horses are used for carrying heavy farm loads.
Les chevaux de trait sont utilisés pour transporter de lourdes charges agricoles.

Light horses are used for riding.
Les chevaux légers sont utilisés pour l'équitation.

Ponies are the smallest horses. They are gentle and do not get tired easily.
Les poneys sont les plus petits chevaux. Ils sont doux et ne se fatiguent pas facilement.

19

How Horses Help Earth
Comment les chevaux aident la Terre

Many kinds of energy are harmful to Earth.

De nombreux types d'énergie sont nocifs pour la Terre.

Horse manure can be turned into energy. This kind of energy does not harm Earth.

Le fumier de cheval peut être transformé en énergie. Ce type d'énergie ne nuit pas à la Terre.

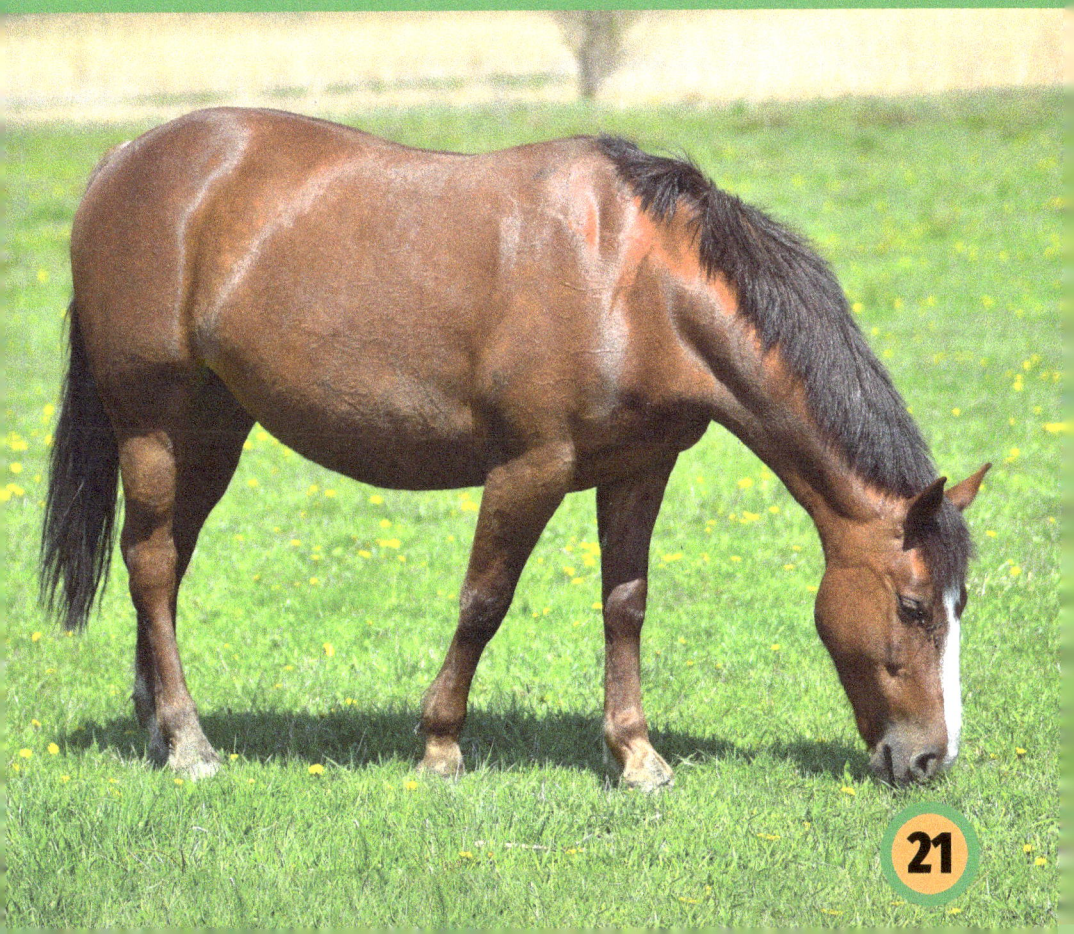

How Horses Help Other Animals

Comment les chevaux aident les autres animaux

Wild horses break the ice on lakes and rivers in winter.

Les chevaux sauvages brisent la glace sur les lacs et les rivières en hiver.

This gives smaller animals a place to drink. Many animals are not heavy enough to break through ice. Cela donne aux petits animaux un endroit où boire. De nombreux animaux ne sont pas assez lourds pour percer la glace.

How Horses Help Humans
Comment les chevaux aident les humains

Horses help farmers carry heavy supplies.

Les chevaux aident les agriculteurs à transporter des fournitures lourdes.

24

Police horses are used in places like Canada. They help keep people safe.

Les chevaux de police sont utilisés dans des endroits comme le Canada. Ils aident à assurer la sécurité des gens.

Horses in Danger
Les chevaux en danger

Some horses are endangered. This means there are very few of them left.

Certains chevaux sont en danger. Cela signifie qu'il en reste très peu.

Dales ponies were once used for carrying heavy loads. They are disappearing because machines are now used to carry heavy objects instead.

Autrefois, les poneys Dales étaient utilisés pour transporter de lourdes charges. Ils disparaissent parce que les machines sont maintenant utilisées pour transporter des objets lourds à la place.

How To Help Horses
Comment aider les chevaux

Taking care of horses can cost a lot of money. Owners have to pay for their food and visits from the vet.

Prendre soin des chevaux peut coûter cher. Les propriétaires doivent payer leur nourriture et les visites du vétérinaire.

Many people take horse riding lessons to help support horses. This is also a great way to learn more about horses. De nombreuses personnes prennent des cours d'équitation pour soutenir les chevaux. C'est aussi un excellent moyen d'en savoir plus sur les chevaux.

Quiz
Quiz

Test your knowledge of horses by answering the following questions. The questions are based on what you have read in this book. The answers are listed on the bottom of the next page.

Testez vos connaissances sur les chevaux en répondant aux questions suivantes. Les questions sont basées sur ce que vous avez lu dans ce livre. Les réponses sont listées au bas de la page suivante.

1
What is the long hair on a horse's neck called?
Comment s'appelle le poil long du cou d'un cheval?

2
How long do horses spend eating every day?
Combien de temps les chevaux passent-ils à manger chaque jour?

3
How long do horses live?
Combien de temps les chevaux vivent-ils?

4
What are horses related to?
À quoi sont apparentés les chevaux?

5
What can horse manure be turned into?
En quoi le fumier de cheval peut-il être transformé?

6
How do horses help farmers?
Comment les chevaux aident-ils les agriculteurs?

Explore other books in the Animals That Make a Difference series.

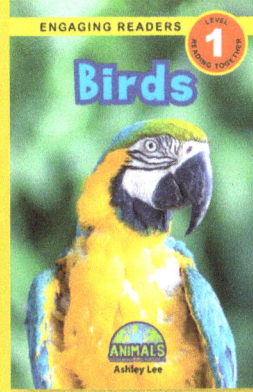

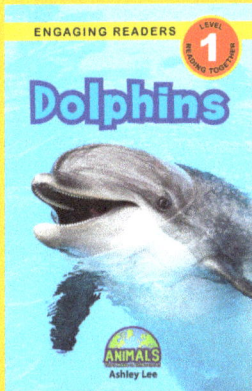

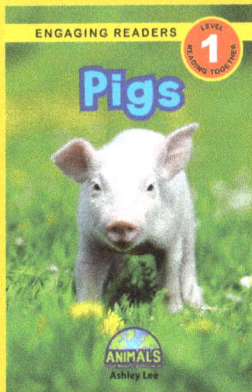

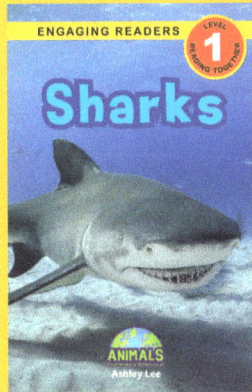

Visit www.engagebooks.com to explore more Engaging Readers.

5. l'énergie 6. En transportant des fournitures lourdes
4. Zèbras et donkeys 5. Energy 6. By carrying heavy supplies
1. Une crinière 2. Jusqu'à 17 heures 3. 20 à 30 ans 4. Les zèbras et les ânes
Réponses:
4. Zebras and donkeys 5. Energy 6. By carrying heavy supplies
1. A mane 2. Up to 17 hours 3. 20 to 30 years
Answers:

www.ingramcontent.com/pod-product-compliance
Lightning Source LLC
Chambersburg PA
CBHW051237020426
42331CB00016B/3412